O AMOR DA

FAMÍLIA

—— Pensamentos do Papa Francisco ——

O amor da família

Pensamentos do Papa Francisco

A comunhão familiar bem vivida é um verdadeiro caminho de santificação na vida ordinária e de crescimento místico, um meio para a união íntima com Deus.

Pensamentos do Papa Francisco

A presença do Senhor habita na família real e concreta, com todos os seus sofrimentos, lutas, alegrias e propósitos diários. Quando se vive em família, é difícil fingir e mentir, não podemos mostrar uma máscara.

O amor da família

O amor da família

Pensamentos do Papa Francisco

Se a família consegue concentrar-se em Cristo, ele unifica e ilumina toda a vida familiar. Os sofrimentos e os problemas são vividos em comunhão com a cruz do Senhor e, abraçados a ele, pode-se suportar os piores momentos.

Pensamentos do Papa Francisco

A oração em família é um meio privilegiado para exprimir e reforçar a fé pascal.

O amor da família

O amor da família

Pensamentos do Papa Francisco

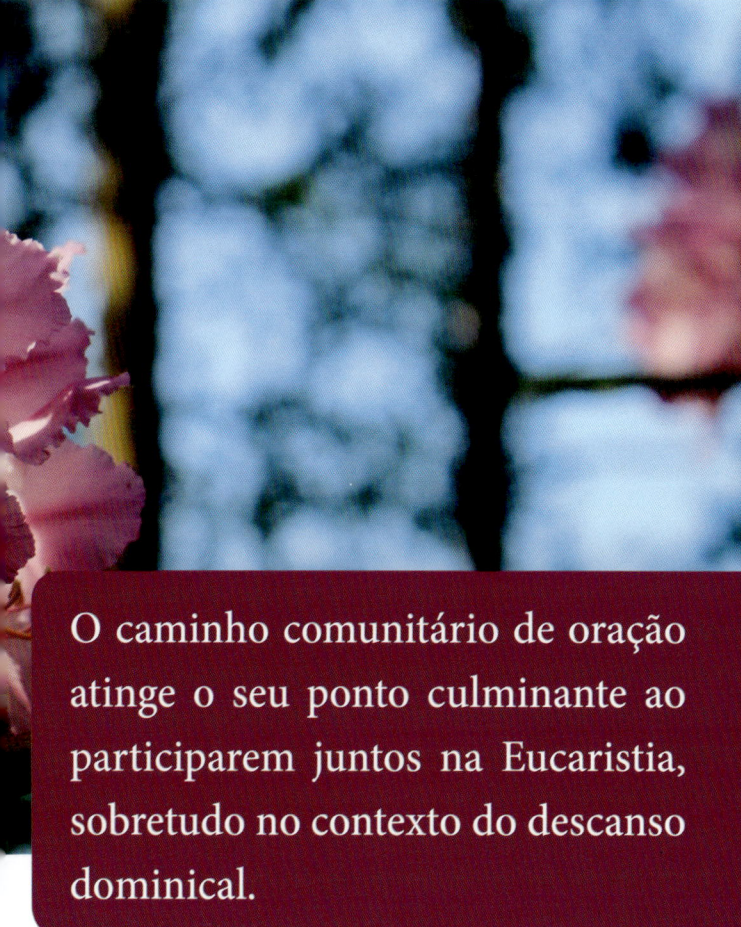

O caminho comunitário de oração atinge o seu ponto culminante ao participarem juntos na Eucaristia, sobretudo no contexto do descanso dominical.

Pensamentos do Papa Francisco

A vida em casal é uma participação na obra fecunda de Deus, e cada um é para o outro uma permanente provocação do Espírito.

O amor da família

O amor da família

Pensamentos do Papa Francisco

Toda a vida da família é um "pastoreio" misericordioso. Cada um, cuidadosamente, desenha e escreve na vida do outro.

Pensamentos do Papa Francisco

Sob o impulso do Espírito, o núcleo familiar não só acolhe a vida gerando-a no próprio seio, mas abre-se também. Sai de si para derramar o seu bem nos outros, para cuidar deles e procurar a sua felicidade.

O amor da família

O amor da família

Pensamentos do Papa Francisco

A família vive a sua espiritualidade própria, sendo, ao mesmo tempo, uma igreja doméstica e uma célula viva para transformar o mundo.

Pensamentos do Papa Francisco

Não percamos a esperança por causa dos nossos limites, mas também não renunciemos à procura da plenitude de amor e comunhão, que nos foi prometida.

O amor da família

O amor da família

Pensamentos do Papa Francisco

Os pais incidem sempre, para bem ou para mal, no desenvolvimento moral dos seus filhos. Consequentemente, o melhor é aceitarem esta responsabilidade inevitável e realizarem-na de modo consciente, entusiasta, razoável e apropriado.

Pensamentos do Papa Francisco

A família não pode renunciar a ser lugar de apoio, acompanhamento e guia, embora tenha de reinventar os seus métodos e encontrar novos recursos.

O amor da família

O amor da família

Pensamentos do Papa Francisco

Não se vive junto para ser cada vez menos feliz, mas sim para aprender a ser feliz de maneira nova, a partir das possibilidades que abre uma nova etapa.

Pensamentos do Papa Francisco

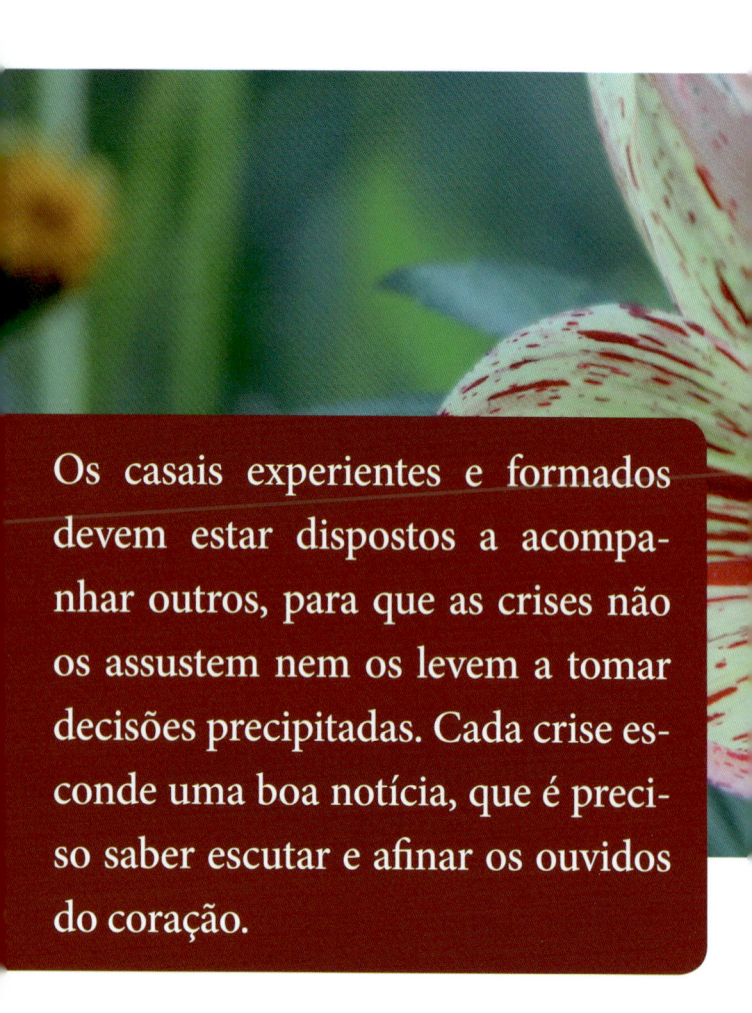

Os casais experientes e formados devem estar dispostos a acompanhar outros, para que as crises não os assustem nem os levem a tomar decisões precipitadas. Cada crise esconde uma boa notícia, que é preciso saber escutar e afinar os ouvidos do coração.

O amor da família

O amor da família

Pensamentos do Papa Francisco

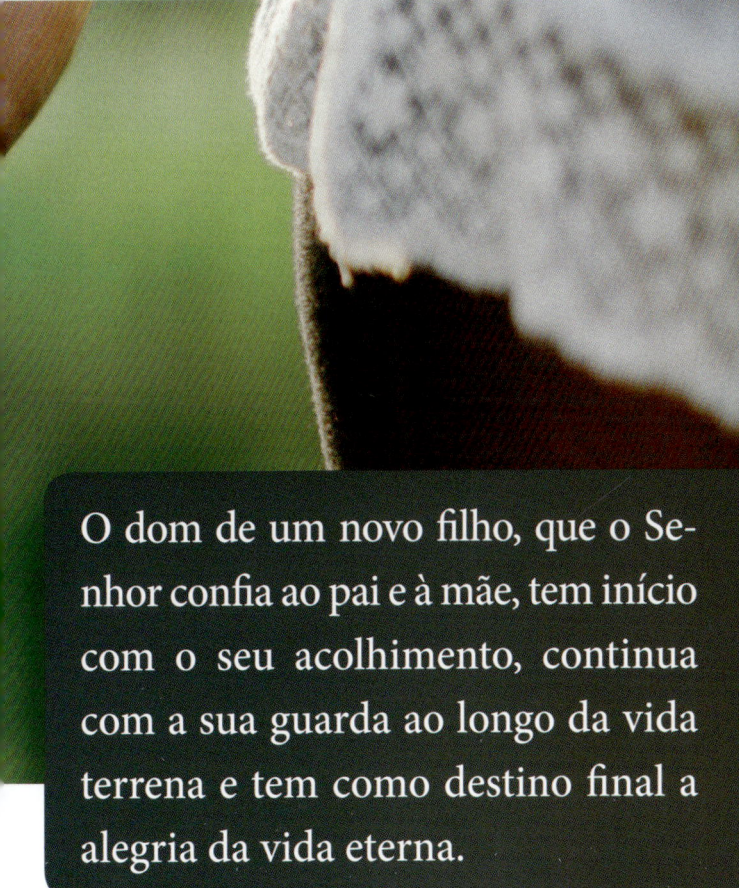

O dom de um novo filho, que o Senhor confia ao pai e à mãe, tem início com o seu acolhimento, continua com a sua guarda ao longo da vida terrena e tem como destino final a alegria da vida eterna.

Pensamentos do Papa Francisco

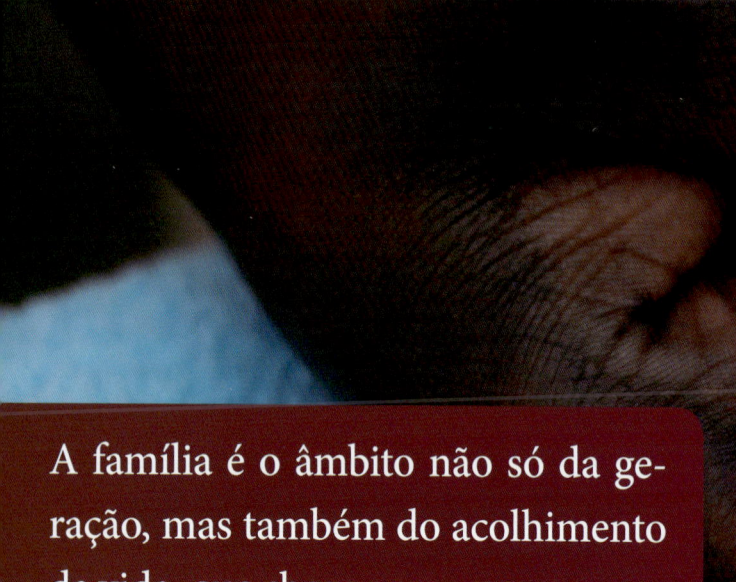

A família é o âmbito não só da geração, mas também do acolhimento da vida, que chega como um presente de Deus. Cada nova vida permite-nos descobrir a dimensão mais gratuita do amor, que nunca cessa de nos surpreender.

O amor da família

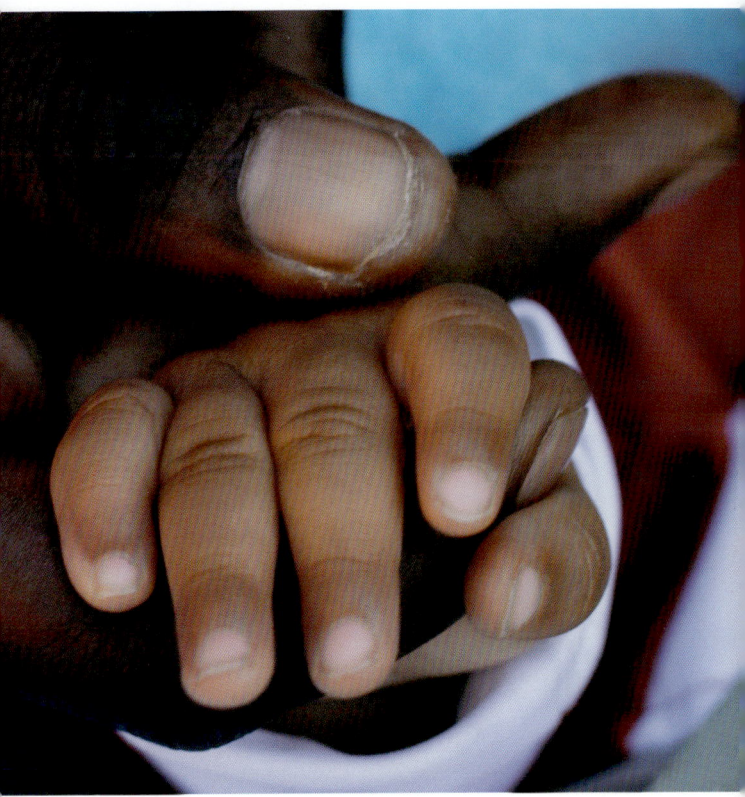

O amor da família

Pensamentos do Papa Francisco

A mãe, que ampara o filho com a sua ternura e compaixão, ajuda a despertar nele a confiança; a experimentar o mundo, um lugar bom que o acolhe, e isso permite desenvolver uma autoestima, que favorece a capacidade de intimidade e a empatia.

Pensamentos do Papa Francisco

A figura do pai ajuda a perceber os limites da realidade, caracterizando-se mais pela orientação, pela saída para o mundo mais amplo e rico de desafios, pelo convite a esforçar-se e lutar.

O amor da família

O amor da família

Pensamentos do Papa Francisco

Aos que não podem ter filhos, lembramos que o matrimônio não foi instituído só em ordem à procriação. E por isso, mesmo que faltem os filhos, tantas vezes ardentemente desejados, o matrimônio conserva o seu valor e indissolubilidade, como comunidade e comunhão de toda a vida. Além disso, a maternidade não é uma realidade exclusivamente biológica, mas expressa-se de diversas maneiras.

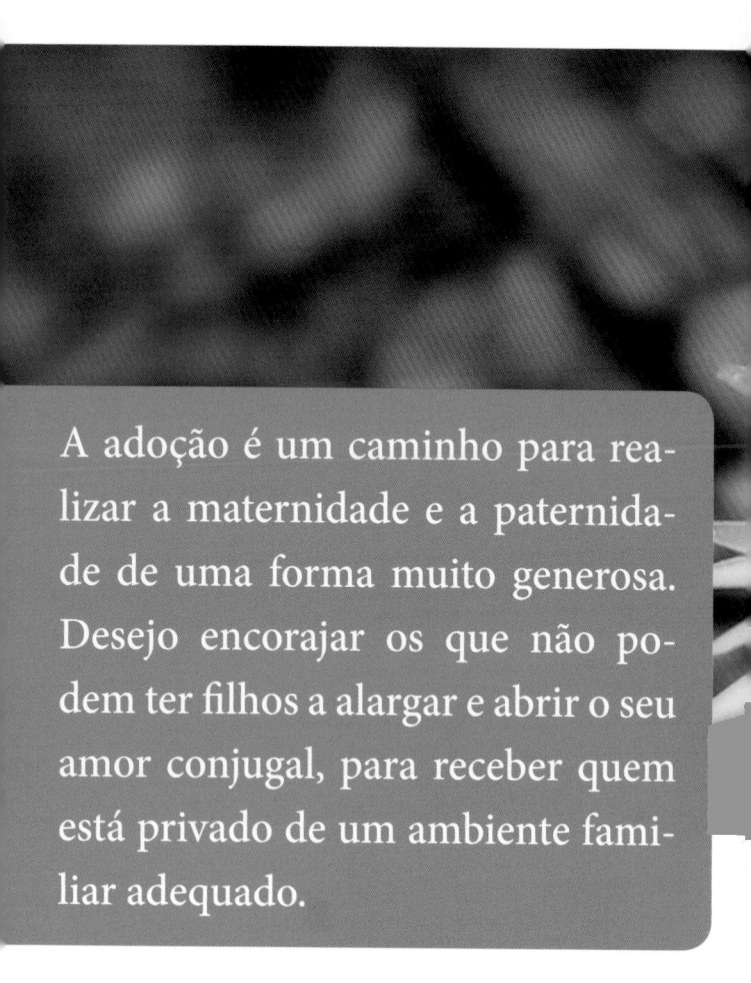

Pensamentos do Papa Francisco

A adoção é um caminho para realizar a maternidade e a paternidade de uma forma muito generosa. Desejo encorajar os que não podem ter filhos a alargar e abrir o seu amor conjugal, para receber quem está privado de um ambiente familiar adequado.

O amor da família

O amor da família

Pensamentos do Papa Francisco

Um casal de esposos, que experimenta a força do amor, sabe que este é chamado a sarar as feridas dos abandonados, estabelecer a cultura do encontro e lutar pela justiça.

Pensamentos do Papa Francisco

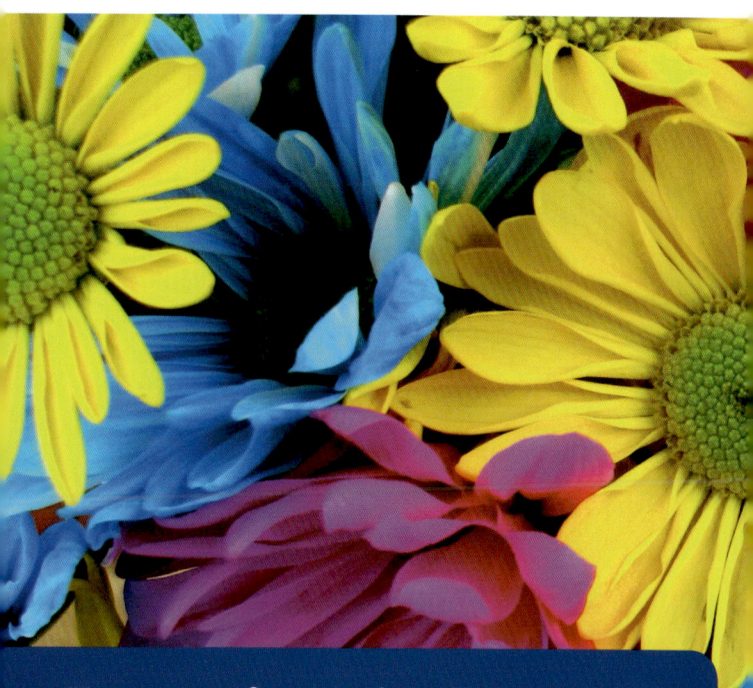

Deus confiou à família o projeto de tornar "doméstico" o mundo, de modo que todos cheguem a sentir cada ser humano como um irmão.

O amor da família

O amor da família

Pensamentos do Papa Francisco

Como Maria, as famílias são exortadas a viver, com coragem e serenidade, os desafios familiares tristes e entusiasmantes, e a guardar e meditar no coração as maravilhas de Deus.

Coleção ALEGRIA E FÉ

- *Alegria da juventude (A): pensamentos do papa Francisco*, Danilo Alves Lima (org.)
- *Alegria de ser catequista (A), pensamentos do papa Francisco*, Sílvio Ribas, (org.)
- *Amor da família (O): pensamentos do papa Francisco*, Danilo Alves Lima (org.)
- *Entusiasmo e alegria: pensamentos do papa Francisco*, Claudiano Avelino dos Santos (org.)
- *Fraternidade e paz. Pensamentos do papa Francisco*, Danilo Alves Lima (org.)
- *Maria, mãe de Deus: pensamentos do papa Francisco*, Danilo Alves Lima (org.)
- *Viver a misericórdia: pensamentos do papa Francisco*, Francisco Galvão (org.)
- *Viver o amor: pensamentos do papa Francisco*, Francisco Galvão (org.)

Organização e diagramação
Danilo Alves Lima

Impressão e acabamento
PAULUS

1ª edição, 2016
2ª reimpressão, 2019

© PAULUS – 2016

Rua Francisco Cruz, 229 • 04117-091 – São Paulo (Brasil)
Tel.: (11) 5087-3700
paulus.com.br • editorial@paulus.com.br

ISBN 978-85-349-4409-0

FSC
www.fsc.org
MISTO
Papel produzido a partir de fontes responsáveis
FSC® C108975

paulus.com.br